미네르바의 연가

시조사랑시인선 51

구충회 시조집

미네르바의 연가

열린출판

■ **시인의 말**

시는 신의 언어인가
누가 시를 촌철살인의 미학이라 했나
시조집을 내놓자니 겁부터 난다
독자의 침묵이 두려운 거다
언어의 빈곤과 사유의 부족 때문이리라

어쩌랴,
꽃이 피면 기쁘고
꽃이 지면 서러운 걸
낙엽을 보면 서글프고
첫눈이 내리면 설레는 걸

무어라 써야 하지 않겠는가
누가 보든 말든 읽든 말든
내가 아는 것이 없다는 사실을
깨달은 것만도 다행이니…

함량 미달에 정량 초과한 삶이 부끄럽다
독자 여러분의 질정을 바란다

2024년 5월 12일
深谷洞 東湖書室에서 구충회

■ **차례**

•시인의 말__5

제1부 봄맞이

봄맞이 ··· 15
명자꽃 ··· 16
봄비 ·· 17
설중매雪中梅 ·· 18
황사黃砂 ·· 19
능소화 ··· 20
아지랑이 ·· 21
매화 ·· 22
사랑초 ··· 23
실버들 1 ·· 24
꽃비 ·· 25
5월 ··· 26
수선화 ··· 27
용문사 은행나무 ··································· 28
벚꽃 ·· 29
진달래 ··· 30
식목일 ··· 31
치산치수治山治水 ·································· 32
실버들 2 ·· 33
스승의 날 ·· 34
도심의 리어카 ······································ 35
사랑코트(Sarangkot)에서 ······················· 36

제2부 여름밤

여름밤 ………………………………………… 39
삼겹살 ………………………………………… 40
그린벨트 ……………………………………… 41
붉은 장미 ……………………………………… 42
등대 …………………………………………… 43
탁란托卵 ……………………………………… 44
가뭄 …………………………………………… 45
비빔밥 ………………………………………… 46
소나기 ………………………………………… 47
맨드라미 ……………………………………… 48
천수만淺水灣 스케치 ………………………… 49
초등학교 의대 입시 반 ……………………… 50
무궁화 ………………………………………… 51
매미 소리 ……………………………………… 52
초식남草食男 ………………………………… 53
소금 …………………………………………… 54
잔디 …………………………………………… 55
튀르키예 비극 ………………………………… 56
힌남노 지난 자리 ……………………………… 57
연꽃을 보며 …………………………………… 58
지하 방 ………………………………………… 59
고향도 타향 …………………………………… 60

제3부 가을 서정

가을 ································· 63
아침 이슬 ····························· 64
알밤 ································· 65
백자달항아리 ························· 66
가을 하늘 ····························· 67
낯설기 ······························· 68
사과 ································· 69
치자 ································· 70
가을비 ······························· 71
낙엽 ································· 72
내 인생 ······························· 73
만추 소묘素描 ························· 74
낙화落花 ····························· 75
무화과 ······························· 76
보름달 ······························· 77
지구를 보다 ························· 78
만종晩鐘의 비밀 ····················· 79
어떤 묘비墓碑 ························· 80
세상에 이럴 수가 ····················· 81
고엽(Les Fenilles Mortes) ··········· 82
간판 ································· 83
미래가 긴 사람아 ····················· 84

제4부 겨울밤

겨울밤 ································· 87
입동立冬 ······························· 88
첫눈 ···································· 89
녹명鹿鳴 ······························· 99
황태 ···································· 91
세한도歲寒圖 ·························· 92
동지 팥죽 ····························· 93
고드름 ································· 94
엄마 밥 줘 ···························· 95
동면冬眠 ······························· 96
겨울비 ································· 97
눈 쌓인 길 ···························· 98
미네르바의 연가 ···················· 99
손자 ··································· 100
눈 덮인 세상 ························ 101
떡국 ··································· 102
어떤 전화 ···························· 103
세한도歲寒圖 감상 ·················· 104
다누리 ································ 105
적반하장賊反荷杖 ··················· 106
인력 시장 ···························· 107
학교 폭력 ···························· 108

제5부 못 잊어

못 잊어	111
얼굴	112
내 사랑	113
연가戀歌	114
인연	115
호주머니	116
낮달	117
담배	118
개모차	119
로봇	120
밤하늘의 트럼펫	121
건국 전쟁	122
한산도	123
석송石松	124
나무	125
동심초同心草	126
매력남	127
의료대란醫療大亂	129
거울을 보며	130
진짜와 가짜	131
인공지능(AI)	132
미카엘의 여정	133

제6부 갈 테면 가라지

갈 테면 가라지 ················· 137
그 사람 ························· 138
그믐밤 ························· 139
돌팔이의사 ····················· 140
수원화성 ······················· 141
치아 스케일링 ·················· 142
상사병 ························· 143
위내시경 ······················· 144
요양보호사 ····················· 145
벌목伐木 ······················· 146
절제의 미학 ···················· 147
돈이란 ························· 148
어쩌면 좋아 ···················· 149
3무無 집회 ····················· 150
친구 ··························· 151
그 남자 ························ 152
울돌목 관전기觀戰記 ············ 153
트로트 열풍 ···················· 154
강구안 야경夜景 ················ 155
백제금동대향로 ················· 156
하와이 비보悲報 ················ 157
잼버리 유감 ···················· 158

제7부 황혼 일기

황혼 일기 ····················· 163
혈압약 ······················ 164
상실喪失 ····················· 165
황혼의 덫 ···················· 166
메멘토 모리(Memento mori) ········ 167
내 재산 ······················ 168
호박죽 ······················ 169
내 이름 ······················ 170
그믐달 ······················ 171
꽃게젓 ······················ 172
석양의 무법자 ················· 173
사전연명의료의향서 ············· 174
종착역 ······················ 175
부음訃音 ····················· 176
끝 사랑 ······················ 177
인생은 되가웃 ················· 178
누리호 ······················ 179
목불인견目不忍見 ··············· 180
나의 시조 ···················· 181
에이지즘(ageism) ··············· 182
영웅英雄 관람기 ················ 183
마약 음료 시음회試飮會 ·········· 184

• 평설: 문학 의식과 심미적 윤리의 길항拮抗 문제
　　__김봉군 ················ 187

제1부 봄맞이

봄맞이

창문을 활짝 열자
커튼도 걷어내자

바람 타고 오시나
구름 타고 오시나

연분홍
설레는 마음
내 가슴 콩당콩당

명자꽃

명자는
초등학교
5학년 2반 내 단짝

풋가슴
동심 속에
아롱진 꽃 한 송이

황혼 녘
노을 속에도
붉게 타는 첫사랑

봄비

토닥토닥 오는 비
울 엄마 고운 손길

밤마다 잠재우던
엄마의 자장가다

코코질
냄새가 나는
우윳빛 숨결이다

설중매雪中梅

바람결
매운 맛이
향긋하다 했더니

설중매
여린 가지
꽃망울이 터졌다

병아리
까만 눈동자
하얀 햇살 부신 날

황사 黃砂

일숫돈
찍으러 온
구두쇠 영감탱이

썩은 이빨 사이로
뱉어낸 누런 악취

봄마다
약속이나 한 듯
찾아오는 불청객

능소화

불붙은 정념이
용암보다 뜨겁다

휘감는 욕망이
하늘로 솟구치면

나 그냥
숨을 멈추고
극락으로 갈 테다

아지랑이

언 땅을 애무하는
따스한 입김이다

꿈인 듯 생시인 듯
아물아물 아물대면

실개천
버들개비도
피리 불어 반기네

매화

낮에는 햇볕 조각
밤에는 달빛 조각

맵고도 독한 한파
여린 얼굴 상할라

향내도
그윽하여라
고결한 기품이여

사랑초

동정녀
풋가슴에
첫사랑이 벙근다

핑크빛 향내는
실핏줄로 흐르는데

불면이
뒤척이는 밤
달빛이 야속하다

실버들 1

저것 봐,
휘감고
사분대는 저 몸짓

치맛자락 살랑살랑
바람결에 남실대면

아이구,
남사스러워라
낯 뜨거워 못 보겠네

꽃비

꽃잎이 꽃비 되어
흰 눈처럼 내린다

황홀한 절정으로
조각난 허무지만

떠날 때
떠날 줄 아는
그 마음이 아름다워

5월

풀잎을 베지 말라
초록빛 피가 난다

찔레꽃 따지 말라
벌들이 질투할라

오월은
십 대의 반란
싱싱해서 두렵다

수선화

눈 속에 피었으니
설중화라 부르랴

물가의 신선이니
수선화라 부르랴

도취된 자기 사랑이
물 위에 뜬 영혼이여

용문사 은행나무

용문산 신령인가
산사의 고승인가

천세를 넘기고도
기세가 등등하네

만만세
누리옵소서
초로의 로망이여

*산림청 국립산림과학원은 최신 라이다(LIDAR) 기술로 용문사 은행나무의 생장 정보를 확인한 결과 높이는 38.8m로 아파트 17층 높이에 달하고, 수령은 1,018살로 추정됐다고 2024년 3월 4일 밝혔다. 국립산림과학원은 나무의 높이, 둘레, 부피, 무게, 탄소 저장량 등 나무의 정보를 디지털 정보로 전환하는 최신 라이다 기술을 이용, 용문사 은행나무의 실물과 똑같은 디지털 쌍둥이 나무를 구현해 신체검사를 진행했다.

벚꽃

꽃망울 올망졸망
몰래몰래 부풀다

짓궂은 봄바람에
터져버린 수줍음

연분홍
향내도 곱다
열일곱 적 내 누나

진달래

아무리
꽃바람이
살랑대두 그렇지

워쩌자구
벌건 대낮
산마다 퍼질렀댜

아이구,
워쩌면 좋아
눈 뜨구는 못 보겄네

식목일

나무를 심는 것은 꿈을 꾸는 것이다
찬란한 꽃이 피고 온갖 열매 맺는 꿈
꽃피면 벌과 나비도 춤을 추며 올 테니

올해는 나의 결혼 50주년 맞는 해다
1974년 4월 5일 결혼식을 올렸으니
아들 둘 며느리 둘에 손주 넷을 거뒀다

식목일에 열 그루의 묘목을 심었다
식구가 열 명으로 늘어났기 때문이다
꽃 피고 열매 맺는 날 손꼽아 기다리며

치산치수治山治水

산과 물이 없다면 생존이 가능할까
산림을 보호하고 수자원을 다스림은
생물이 생존하는 데 필수 여건 아니냐

수목을 가꾸는 건 수재 예방 기본이요
백화가 난만하니 벌 나비가 날아들고
열매가 열리게 되니 과일도 풍성하다

문명의 발상지는 어디에서 비롯됐나
인간의 의식주는 어디에서 얻어내나
예부터 치산치수는 역사의 첫 장이다

실버들 2

실가지 눈망울이 꽃바람에 시린 날
물안개 아롱대는 호숫가 언저리에
홀로 선 저 실버들은 외로운 집시인가

몸매는 나긋나긋 허리는 야들야들
호수로 감은 머리 하늘을 풀어쓰고
날더러 어쩌란 말야 어이하란 말이야

정 두고 몸만 가니 미움도 사랑인가
천만사 마디마다 그리움만 맺혔어라
행여나 다시 오려나 기다리는 여심아

스승의 날

학생이 교사를 폭행하고 고발한다
학부모가 교사를 구타하고 폭언한다
교권이 맥을 못 추고 실종된 지 오래다

학생의 인권만 신주처럼 받들더니
교사는 속수무책 수모를 참아내다
목숨을 끊어야 하는 사태까지 이르렀다

학교가 무너졌다 교육이 될 리 없다
학교를 이 지경으로 만든 게 누구냐
교육이 병들고 있다 국가 장래 어둡다

도심의 리어카

퇴근길 서두르는 도시민의 종종걸음
거리마다 네온사인 불빛이 찬란하고
외제 차 서치라이트가 얄밉도록 부시다

빈 박스 하나에도 생색내는 얇은 인심
노인의 야윈 등이 활처럼 휘진 채로
해종일 지친 하루가 리어카에 실린다

점심도 거른 채 하루 종일 벌어 봐도
노인의 노동 값은 4,680원 그뿐이다
저 높은 아파트에서 이런 세상 보일까

*노인의 리어카에 GPS를 설치해서 폐지수집 노동의 실체를 밝힌 〈리어카와 GPS〉라는 연구 결과를 보면, 노인들이 하루 평균 11시간 동안 13km를 걸으며 쌓아 올린 하루 노동 값어치는 4,680원으로 밝혀졌다.

사랑코트(Sarangkot)에서

밤잠을 설쳤노라 여명을 헤쳤노라
돌계단 건너뛰며 가쁜 숨 몰아쉬며
보고픈 마음 하나로 설봉을 찾았노라

억만년을 부대끼며 하늘을 치받다가
전설만 간직한 채 뻗어 내린 히말라야
긴 세월 침묵한 밀어 듣고 싶은 나그네

만년설 이불 속에 겹겹이 숨긴 사연
여신이 나타나면 들춰내려 했건만
신비의 또 다른 세계 성지인 줄 몰랐네

*2024년 4월 19일 네팔의 포카라 사랑코트(Sarangkot)에 올라
 일출과 히말라야 설봉을 보려 했으나 날씨가 흐려 볼 수가 없
 었다.

제2부 여름밤

여름밤

개구리 소리 높여
제짝 찾다 지친 밤

은하수 여울 소리
귓가에서 맴돌면

잠 설친
허연 낮달이
누런 하품 쏟아낸다

삼겹살

겹겹이 쌓아 올린
세월이 안타깝다

세 치 혀 탐욕으로
목숨 잃은 불운이

불판에
다시 죽어야
살아나는 진미다

그린벨트

순결을 지키려는
초록빛 정조대다

개발이란 욕망이
호시탐탐 노리니

어쩌나,
자손 대대로
물려줄 성역인데

붉은 장미

사랑이 포로 되어
순결을 잃어버린

원부의 독침 끝에
응어리진 피눈물

애증의
세월을 건너
승화된 단심이다

등대

미친 듯
요동치는
파도소리 사나운 밤

울부짖는 파도 저편
아스라한 촛불 하나

아들아,
무사해다오
애가 타는 붉은 모정

탁란托卵

새 중에 뻐꾸기는
사기 치는 철면피다

뱁새알 밀어내고
제 것으로 바꿔놓고

뒤돌아 딴전 피우며
시침 떼고 뻐꾹 뻐꾹!

가뭄

모심은 논바닥은
박제된 거북등

땅심은 바닥나고
농심은 숯덩이다

천심도
무심하여라
화석이 된 논배미

비빔밥

비빔밥이
구글 검색
세계 1위 올랐다

다양성 인정하는
화합의 하모니다

저 열량
다이어트식
지구가 열광하네

*한국의 비빔밥이 1998년에 세계 최고 기내식 상을 받는 데 이어, 올해(2023년)는 구글이 발표한 세계 최다 검색 레시피 부문에서 1위를 차지했다.

소나기

핏기 가신
하얀 얼굴
사슴 닮은 눈망울

수숫대 풋내음에
얼굴 붉힌 수줍음

소나기
내릴 적마다
떠오르는 그 소녀

맨드라미

가버린 젊은 날이
그리도 아쉽더냐

창백한 잎새마다
노을 저리 지는데

네 어찌
계관鷄冠을 쓰고
홀로 취해 있느냐

천수만淺水灣 스케치

서해안 한 꼭지를 주름잡은 내 고향

하늘길 물어물어 철새들이 찾아들고

바닷속 조개무리도 새가 되어 날고 있다

*천수만淺水灣은 충청남도에 있는, 남북으로 된 긴 만灣이다. 동쪽은 서산시, 홍성군, 보령시에 접하고, 북쪽과 서쪽은 태안반도, 안면도와 접한다. 가창오리 등 겨울 철새의 도래지로 유명하고 남당항은 새조개가 풍년이다.

초등학교 의대 입시 반

초등 대상 의대 입시 학원이 생겼다
최소한 4학년부터 준비해야 한단다
초법적 힘 때문인지 욕망이 앞선 건지

무궁화

작년에 가지 잘라
꺾꽂이를 했더니

토막 난 여린 생명
신기하게 뿌리내려

광복절
이른 아침에
보란 듯이 피었다

매미 소리

태엽이 풀린 듯한
매미 소리 시들면

가을이 달려오는
숨 가쁜 메시지다

제 짝을
찾지 못한 채
하직하는 이별가다

초식남草食男

초승달 그린 눈썹
립스틱 칠한 입술

마사지 받은 피부
우윳빛 향내 난다

핑크빛
네일아트에
귀걸이는 찰랑찰랑

남잔지 여잔지 알 수 없는 옷매무새
육식남은 어디 가고 초식남만 보이나
닭살은 돋아나지만 구경거리 참 좋다

*초식남: 초식하는 동물처럼 온순하고 착한 남자를 뜻하는 말. 여성스러운 취미나 감수성이 풍부하며, 섬세한 요리나 패션과 쇼핑에 관심이 많은 남자를 말함.

소금

바닷물은 신기한 유전자를 가졌다
햇볕으로 고아서 바람으로 식히면
연골은 강골이 되어 흰 뼈만 남는다

짠맛은 정의를 지켜내는 수호자다
부패를 방지하는 방부제기 때문이다
세상에 이런 명약이 어디에 또 있나

삼복의 정수리를 햇살이 쪼아대면
새하얀 순결은 사리보다 투명하다
사바의 오욕칠정을 걸러낸 영혼이다

잔디

비 오면 오나 보다 바람 불면 부나 보다
고개를 숙이다가 죽은 듯 숨었다가
연둣빛 고운 숨결을 비단으로 짜낸다

물 폭탄 퍼부어도 눈보라 몰아쳐도
생존을 숙명처럼 실뿌리로 버티면서
잔디는 그냥 그 자리 제 책임을 다한다

짓밟고 으깨어도 살아나는 모진 목숨
잘라도 깎아내도 죽지 않는 불사조다
시퍼런 칼날 앞에도 목을 주는 순교자다

튀르키예 비극

어쩌면 좋으냐, 기막힌 이 노릇을
때 놓쳐 숨진 딸 핏기 가신 고사리손
아빠 손 놓지 못하니 어찌하란 말이냐

잔해에 깔린 채로 17시간 버티면서
남동생 감싸 안은 일곱 살 어린 누나
제발 좀 살려 주세요! 애원하는 그 눈빛

탯줄을 이은 채로 눈을 감은 엄마야
갓난아기 어쩌라고 혼자만 가버렸나
하늘도 무심하여라 눈 뜨고는 못 보겠네

*2023년 2월 6일 오전 4시 17분쯤(한국 시각 오전 10시 28분쯤) 튀르키예 남부 도시 가지안테프로부터 약 33km 떨어진 내륙에서 규모 7.8의 지진이 발생했다. 이로 인하여 튀르키예의 사망자 수는 2월 24일 기준 4만4,128명으로 늘었다. 시리아의 사망자 수(5,914명)와 합치면 총 사망자 수는 5만132명에 달한다. 튀르키예에서만 아파트 52만 가구를 포함해 건물 16만 채 이상이 무너졌다.

힌남노 지난 자리

며칠만 더 버티면 황금벌이 될 텐데
새들이 쪼아대도 타박하지 않을 건데
올 농사 헛수고로다 살길이 막막하다

토막 난 문전옥답 천안함의 흉상이냐
수몰된 농작물은 세월호의 참상이냐
하늘도 무심하여라 어찌 살란 말인가

모처럼 거리 두기 해제된다 했는데
올 추석은 명절답게 보내려고 했는데
차례는 어떻게 하나 조상을 어찌 보나

*2022년 9월 5일에서 7일까지 엄청난 폭우를 동반한 제11호 태풍을 말함. 이 태풍으로 11명의 사망자와 11조 원이 넘는 재산 피해를 냈다.

연꽃을 보며
-세미원洗美苑에서

하얀 꽃 연분홍 꽃 함초롬한 꽃망울
이슬로 씻은 몸은 첫눈처럼 순결하다
꽃마다 우아하여라 기품 있는 낭자여

백련화 홍련화를 기녀라 생각 말라
누구도 꺾어서는 아니 될 동정녀다
빛색이 무슨 대수냐 부처의 후예니라

백련화 하얀 살결 햇살에 눈 부시고
발그레한 홍련화는 수줍은 미색이라
멀수록 짙은 향내가 옷소매를 잡는다

지하 방

쥐구멍도 볕들 날이 있다고 했는데
햇볕도 달빛도 등을 돌린 사각지대
밤낮이 다르지 않다 유별난 감옥이다

맘대로 오고 가는 바람조차 외면하고
출구 없는 배설물은 악취가 진동한다
벽마다 곰팡이들은 도배질로 바쁘다

잠자고 일어나면 뼈마디가 쑤시고
선잠에 몸덩이는 물을 먹은 솜이불
공평은 허상뿐이고 불평은 실상이다

눈부신 조명등은 거리마다 현란해도
쾌락에 짓눌린 지하 방은 질식한다
생존을 목에다 걸고 신음하는 지옥이다

고향도 타향

가난이 지겨워서 버리고 간 내 고향
어머니의 품인가 그리움만 쌓이다가
벼르고 찾아왔건만 아는 이는 없더라

코흘리개 친구들은 어디로 사라졌나
까치발로 훔쳐보던 돌담 넘어 가시내
지금은 누구와 함께 인생길을 가는지

반갑게 맞아주던 누렁이는 어디 갔나
바퀴 빠진 달구지는 헛간에 나뒹굴고
우공 집 외양간에는 자가용이 낯설다

부모님 떠날 적에 고향도 따라갔나
잊지 못해 찾은 고향 돌아서는 이방인
이제는 그리워 말자 고향도 타향인데

제3부 가을 서정

가을

폭우로 씻은 하늘
쪽빛보다 푸르다

만삭된 벼 이삭은
메뚜기와 노닐고

외다리
허수아비는
새 쫓기에 바쁘다

아침 이슬

이슬이 풀잎마다
구슬처럼 맺혔다

세 살배기 손녀의
영롱한 눈동자다

또르르
구를 적마다
초롱초롱 샛별이다

알밤

봄여름
치성 드려
잉태한 여린 생명

철옹성
쌓아가며
애지중지 보살피다

섭리를
어기지 못해
떠나보낸 붉은 모정

백자달항아리

보름날 솟아오른
덩그런 달덩이다

흥겨운 달타령에
덩실덩실 춤을 추다

만삭된
우리 어머니
날 낳은 파안대소

가을 하늘

코발트빛 호수가
하늘에 떠 있다

흰 구름
한두 송이
꿈처럼 피어나고

술 취한
고추잠자리는
정신 잃고 헤매고

낯설기

톡 쏘는 사이다 맛
그런 말이 없을까

콕 찌르는 고량주 맛
그런 말이 없을까

톡 쏘고
콕 찌르는 맛
명품 시조 아닌가

사과

타락을
하고 싶으면
사과를 먹어라

중력을
알고 싶으면
사과를 던져라

부자가
되고 싶으면
사과를 그려라

*프랑스 화가 모리스 드니(1870~1943)는 "역사상 유명한 사과가 셋이 있는데, 첫째는 이브의 사과, 둘째는 뉴턴의 사과, 셋째는 세잔의 사과"라고 했다. 단순히 실제 사과처럼 그리는 것이 아니라 사과의 본질을 그리기 위해 노력했던 후기인상파 화가 폴 세잔(1839~1906)의 정물화 〈사과〉의 시가는 41,60만 불(562억 원) 정도다.

치자

노랑 열매
꽃물 우려
빈대떡 부치던 날

시집을 안 간다며
떼쓰던 막내 누나

이튿날
아랫마을로
시집가며 웃었다

가을비

폭우가 할퀸 자리
상처마다 쓰린데

불청객 가을비는
주책없이 또 오나

풋과일
여무는 소리
귓가를 맴도는데

낙엽

파랗다 푸르다
노랗다 붉었다

변덕을 부리다가
소슬바람 만나면

정신을
잃어버리고
방황하는 나그네

내 인생

거의 다 왔나 봐요
다리가 아픕니다

다시 걷고 싶어도
걸을 수가 없는 길

노을이
아름답네요,
황혼 속에 잠기는

만추 소묘素描

가을을
그리려다
넋을 잃고 말았다

갈색 짙은 사색은
노을빛에 물들고

나뭇잎
지는 소리만
내 가슴에 쌓인다

낙화落花

목련꽃 지더니만
벚꽃도 따라가네

피었으니 지는 게
우주의 섭리지만

하르르
저 꽃들 지고 나면
내 갈 길은 어디냐

무화과

꽃이 왜 없냐고
물어보지 마세요

꽃자루 주머니 속
꼭꼭 숨어 있지요

사랑은
남이 볼까 봐
몰래몰래 하니까

보름달

코로나
걸린 달이
시름시름 앓다가

구름을
걷어차니
화색이 완연하다

저것 봐,
화사한 얼굴
찬란하지 않은가

지구를 보다

슈퍼문
큰 거울로
지구별 살펴보니

온난화
덮친 자리
화상 입어 쓰리다

독감에
코로나 겹치니
달나라로 갈 거다

*2023년 8월 31일에 뜬 슈퍼문은 달이 지구와 가장 가까울 때 뜨는 보름달이다. 이날 달과 지구와의 거리는 약 35만7341km로, 지구와 달 사이 평균 거리인 38만4400km보다 약 2만7000km 가깝다. 이에 슈퍼문은 지구에서 가장 멀리 떨어진 원지점 보름달(미니문)보다 14% 크고, 밝기도 30% 밝다. 특히 이날 뜨는 슈퍼문은 한 달에 2번 뜨는 보름달을 뜻하는 '블루문'과 겹쳐 더욱 뜻깊다. 슈퍼문과 블루문이 동시에 뜨는 '슈퍼 블루문' 현상은 드물다. 슈퍼 블루문이 가장 최근에 뜬 날은 지난 2018년 1월 31일이었다. 다음 슈퍼 블루문이 뜨는 날은 2037년 1월 31일로, 오늘 밤을 놓치면 14년을 기다려야 한다.

만종晩鐘의 비밀

수확한 씨감자를 바구니에 담아놓고
교회에서 울리는 종소리를 듣고 있다
부부가 감사 기도를 드리는 줄 알았다

바구니 속 물건은 씨감자가 아니라
배고파 굶어 죽은 아기의 시신인데
누군들 짐작했으랴, 이 기막힌 사연을

아기의 조그마한 배 속도 못 채워서
보내는 부모 마음 오죽이나 아릴까
노을 속 울려 퍼지는 종소리가 아프다

*스페인의 초현실주의 화가 살바도르 달리(Salvador Dali, 1904~1989)는 그림 〈만종〉을 보는 순간 알 수 없는 불안을 느꼈다고 한다. 그의 직관은 밀레의 〈만종〉에 그려진 감자 자루를 어린아이의 관으로 보고 이루 말할 수 없는 불안을 느꼈던 것이다. 수십 년 후 이러한 달리의 투시력은 환각이 아니라 실제로 정확한 관찰이었음이 밝혀졌다. 루브르미술관이 자외선 투시 작업을 통해 그 감자 자루가 초벌 그림에서는 실제로 어린아이의 관이었음을 입증한 것이다.

어떤 묘비墓碑

태극기로 뒤덮은 유골함이 도착했다
경찰청 특공대가 차렷하고 경례를 한다
유골을 화단 한가운데 정성 들여 묻었다

까만색 묘비가 경건하게 세워진다
"국가에 헌신한 럭키 이곳에 잠들다"
새하얀 국화 송이가 묘비 앞에 쌓인다

평생을 국가 위해 몸을 바친 럭키야
미안해서 어쩌냐, 안락사를 시켰으니
그동안 너무 고생했어 럭키야 고마워!

*2023년 9월 22일, 경찰견 럭키에 대한 장례식이 대전 유성구 한 동물병원에서 이루어졌다. 2015년 4월에 태어난 럭키는 생후 4개월 만에 대전경찰특공대에 배치돼 폭발물 탐지와 수색 임무를 8년간 수행했다. 지난달 급성 혈액암 진단을 받은 럭키는 안락사로 세상을 떠났다.

세상에 이럴 수가

세상에 살다 보니 희한한 꼴 다 보네
무슨 사연 있으려니 골백번 생각해도
인간이 이럴 수 있나 기가 막혀 죽겠네

필설로 어찌하랴 민망해서 망설였다
이처럼 황당하고 잔인한 꼴 또 있나
부아가 솟구치는데 참을 수가 있어야지

아기가 쓰레기냐 폐기물이냐 왜 버려
이틀밖에 안 된 아기 산 채로 왜 묻어
세상에, 너도 인간이냐 어미란 말이냐!

*2023.7.8. 조선일보 A10면 '아기는 쓰레기도, 물건도 아닙니다'
2023.7.13. 조선일보 A12면 비정한 엄마 "아이가 살아있을 때 묻었다"

고엽(Les Fenilles Mortes)

난 너를 사랑했고 넌 나를 사랑했다
촉촉한 선율과 우수에 찬 그 노래
이별의 아쉬움인가 실연의 눈물인가

부르면 메아리처럼 달려오던 그대여
아련한 추억들만 노을 속에 남긴 채
이 세상 어느 곳에서 머무르고 있는지

싸늘한 찬바람이 옷소매를 파고들면
꿈에나 잡으려다 놓쳐버린 그대 손길
아쉬워 흘린 눈물이 상처로 얼룩지네

이별로 해진 나날 상처로 덧댄 세월
미움보다 그리움은 왜 이다지 아픈가
밤마다 불청객으로 찾아드는 그대여!

간판

우리말 우리글이 길바닥의 껌딱진가
허구한 날 평생을 물 쓰듯 쓰면서도
세계가 손꼽는 문자 훌륭한 걸 왜 몰라

조선어 말살정책을 아는지 모르는지
문화는 강국이요 경제는 대국인데
내 나라 훌륭한 문자 왜 그리 홀대하나

최첨단 정보시대 앞을 보고 만든 문자
한글은 우리에게 기적이자 축복이다
내 나라 소중한 문자 내 몸처럼 아껴야지

*일제는 조선의 주권을 수탈하고서 일본어 교육을 실시했다. 모든 민족적인 문화 활동을 금지하고 자신들의 언어교육을 강요하여 민족성을 말살하려고 했다. 1938년 이후 부분적으로 하던 조선어 교육마저 폐지하고, 일본어 사용을 강제로 실시했다. 당시 국민학교 학생마저 조선어를 사용하면 벌을 주는 등 언어말살을 꾀했다. 이와 함께 《동아일보》, 《조선일보》 등 한글로 발간되는 신문과 《문장》지 등 잡지를 전면 폐간시켰으며, '조선어학회' 사건을 조작해 조선어학회 간부를 모두 잡아들였다.

미래가 긴 사람아

열사의 사막에서 일해본 적 있는가
이방인의 시신을 씻어본 적 있는가
이국땅 포연 속에서 피 흘린 적 있는가

수천 미터 지하에서 석탄을 캐면서도
가난한 나라에서 태어난 게 죄이려니
시대를 잘못 만난 게 죄이려니 생각했다

생존을 목에 걸고 초근목피 씹으면서
멀건 보리죽에 피죽 맛이 설운 나날
허리끈 동여매면서 죽자사자 일만 했다

가난을 자식에게 물려주지 않겠노라
부모는 무식해도 자식만은 가르쳤다
오늘날 잘살게 된 걸 우연이라 여기나

미래가 긴 사람아, 짧은 날도 오는 거다
노인의 투표권을 제한하는 게 급하더냐
혁신의 우선 대상은 편 가르기 아니더냐

제4부 겨울밤

겨울밤

찹쌀~떡!
메밀~묵!
목소리 어는 소리

미아리
골목마다
메아리도 얼어붙는

옥탑방
학창 시절은
허기진 추억이다

입동立冬

목을 맨 메줏덩이
누런 냄새 토하고

주름진 방벽마다
곰팡이가 피는데

홀아비
코 고는 소리
문풍지가 떠는 밤

첫눈

첫눈이
올 적마다
반가워 맞다 보니

어느새
내 머리가
백발을 덮어썼네

세월로
빛바랜 머리
핏기 가신 내 청춘

녹명鹿鳴

먹이를 찾아내자
목청껏 우는 사슴

굶주린 동료에게
알려주는 메시지다

이렇게
아름다운 울음
세상에 어디 있나

*출전:『시경詩經』「소아小雅 제1 녹명지습鹿鳴之什」161.《녹명鹿鳴》三章 , 章八句

황태

배 째서 죽이더니
내장까지 훑어낸다

혹한에 턱을 꾀어
하늘 보라 매달더니

눈[雪]으로
눈[目]을 가리고
공덕이나 쌓으란다

세한도 歲寒圖

노송의 구부러진
가지 끝 푸르름은

심장이 박동하는
생존의 메시지다

마지막
남은 기운을
쏟아부은 절정이다

동지 팥죽

대설大雪 꼬리
소한小寒 머리
살얼음 진 동짓날

팥죽 쑤어
열 식구
허기진 배 채웠지

죽 속에
숨은 새알심은
엄니 얼굴 엄니 마음

고드름

세상을 떠돌다가
얼어 죽은 노숙인

칼바람 피하려고
처마 밑에 숨었다

추위를
이기지 못해
얼어붙은 눈물이다

엄마 밥 줘

눈보라 요동친 날
등산 갔다 실족했다

남편을 땅에 묻고
통곡하며 집에 오자

구순의 시아버님이
며느리께 하신 말씀

동면冬眠

늦가을 핑계 대고
옷을 훌훌 벗는다

가을비 몸에 뿌려
냉수마찰 하더니

하늘을
이불로 덮고
깊은 잠에 빠졌다

겨울비

지구가 변절했다
눈 대신 비가 온다

정상이
비정상이면
비정상도 정상인가

지구가
열병을 앓고 있다
제정신이 아니다

눈 쌓인 길

고뿔을 코에 달고
콧물 줄줄 흘리며

엄마 몰래 나와서
눈썰매를 타던 길

지금은
지팡이 짚고
그 길을 가고 있다

미네르바의 연가

눈발이 시린 머리
노을 지는 황혼 녘

창백했던 지성은
썰물 되어 밀리고

감성은
밀물이 되어
사랑 노래 부르네

손자

못 보면 보고 싶고
찾아오면 기쁘다

가고 나면 서운해도
기쁜 만큼 시원하다

하루만
지나고 나면
보고 싶은 내 새끼

눈 덮인 세상

세상이 새하얗다
색깔도 없어졌다

사심을 버리란다
깨끗하게 살란다

천심은
하나뿐인데
왜 이리 시끄럽나

떡국

설날에 먹는 떡국
별나게 맛이 난다

올부터 만 나이로
셈한다니 참 좋다

떡국을
먹는다 해도
나이 먹지 않으니

어떤 전화

엄마! 하와이야, 해피 산책시켰어
목욕도 시키고 오리고기도 먹였지
에어컨 이십육 도로 켜주는 거 알지

어머님! 해피에게 신경 좀 써주세요
요즈음 해피가 컨디션이 안 좋아요
갑자기 큰소리치면 경기해서 그래요

제 새끼 낳지 않고 개새끼만 챙기네
어미보다 개 걱정 먼저 하는 아들 내외
황혼 녘 노인의 눈가에 어둠이 서린다

세한도歲寒圖 감상

초가는 세 살 난 내 손녀 솜씨 같다
노송과 잣나무도 거기에서 거기다
목수가 이 그림 보면 웃음이 터질 거다

풍파로 찢긴 세월 분노는 박제되고
핏기는 노을 되어 백골이 된 저 노송
뒤틀려 몸부림치는 가지 끝을 응시하라

기적처럼 새 가지가 돋고 있지 않으냐
생명의 기氣가 드는 기구氣口라는 것이다
이것이 기운생동氣韻生動의 원리라는 것이야

다누리

다누리가 달 궤도 진입에 성공했다
145일간 600만km 비행 끝의 쾌거다
한국은 일곱 번째의 달 탐사국이 된 거다

오는 12월 31일 달 궤도에 진입하면
푸른 하늘 은하수에 떠 있는 하얀 달도
달 표면 궤도를 돌면서 가깝게 볼 수 있다

달 속의 계수나무는 얼마나 자랐을까
토끼는 지금도 떡방아를 찧고 있을까
내 유년 동심의 요람 달나라를 가고 싶다

*한국의 첫 달 궤도선 '다누리'가 2022년 8월 5일 오전 8시 8분 48초 미국 케이프커내버럴 공군기지에서 발사되어 달로 가는 궤적을 진입하는 데 성공한 이후 145일 만인 12월 27일 달 궤도 진입에 성공했다.

적반하장 賊反荷杖

인성도 유행처럼 세월 따라 변하는가
옛날엔 죄지으면 얼굴도 못 들었는데
요즘은 죄지은 놈이 큰소리를 치고 있다

인간이 어쩌다가 이 지경이 되었는가
지은 죄가 허물인 줄 몰라서 그러는지
얼굴에 철판을 깔았냐 인두겁을 썼느냐

어쩌면 저렇게도 뻔뻔하고 당당할까
세상이 말세구나 인간 말종 따로 없네
인간이 개만도 못하니 개판 되고 말았지

인력 시장

눈보라 몰아치네 칼바람 매서운 날
꼭두새벽 설치는 남구로역 인력 시장
이름을 부를 때마다 환호성이 터진다

장갑과 마스크에 귀마개로 무장하고
제 이름 불러주길 애타게 기다려도
깜깜한 무소식이라 발길 돌린 일용직

날씨가 좋은 날은 파업이 차지하고
외국인 근로자는 구름처럼 몰려온다
나이 든 국내 노동자는 낙동강 오리알

오늘도 허탕이다 빈 가슴이 시리다
허기진 내 새끼 아내 얼굴 어찌 보나
팀장의 쌍소리라도 배터지게 먹고 싶다

학교 폭력

학교 폭력 근절은 허공의 메아리다
학생의 인권 앞에 교권은 뒷전인데
어떻게 학생 지도를 할 수 있단 말인가

교사를 노동자로 자초한 부메랑이
교권을 실추시키고 학폭을 부추겼다
제자의 스승 고발에 폭행까지 했으니

따돌림에 시달리다 극단을 선택했던
내 제자 생각하면 가슴이 찢어진다
밤마다 만나는 얼굴 불면의 동반자다

학폭은 척결해야 할 공공의 적이다
가정과 학교·사회 공동체가 힘을 모아
학교를 살려야 한다. 교육은 국력이다

제5부 못 잊어

못 잊어

행여
만나려나
다시 찾은 부둣가

목메인
파도 소리
달빛에 조각나고

뱃고동
우는 소리에
잠 못 드는 나그네

얼굴

밤마다 달이 됐다
별이 되는 그 얼굴

내 마음
비망록에
숨겨 놓은 사랑 하나

가슴이
시릴 적마다
꺼내 보는 얼굴이다

내 사랑

맑았다 흐렸다
얼었다 녹았다

잡으려면 달아나고
놓으려면 달려들고

날더러
어쩌란 말야
피 말리는 내 사랑

연가 戀歌

옥계 골 내 고향
복사꽃 필적마다

가슴속 여울지는
곱디고운 눈웃음

반쪽 달
뒤척이는 밤
설레는 순이 생각

인연

어릴 적 소꿉친구
학창 시절 연인 커플

부부로 다시 만나
한 침대를 썼지만

지금은
복지관 친구
신나는 댄스 커플

호주머니

마음이 허출하면
두 손을 넣어본다

간밤에 얼어 죽은
노숙인의 뱃속처럼

언제나
배고픈 식객
내 젊은 날 안식처

낮달

시집 못 간 마흔 살
핏기 가신 하얀 얼굴

시름시름 앓다 떠난
내 누나의 얼굴이다

여명 끝
사라져 가는
시한부 인생이다

담배

양다리 꼬고 앉자
담배 한 대 꼬나물면

아찔한 샤론 스톤
그 모습이 보인다

아직도
태우지 못한
젊음이 있나 보다

*영화〈원초적 본능〉의 여주인공

개모차

소아과 병원 앞을
유모차가 지나간다

그 안을 살펴보니
강아지가 타고 있다

아기의
방긋 웃는 모습
그 얼굴을 보고픈데

로봇

산업현장 로봇이
생사람을 잡는다

형사책임 물으랴
민사책임 물으랴

물어도
대답이 없네
파렴치한 철면피

밤하늘의 트럼펫

불면이 뒤척일 때 들려오는 그 소리

머나먼 하늘 끝 어머님의 자장가다

내 영혼 잠재워 주는 아스라한 진혼곡

*1964년 이탈리아 트럼펫의 명연주자인 니니 로소(Nini Rosso)가 'Il Silenzio'라는 이름으로 연주하게 되면서, 전 세계에 널리 알려지게 되었음.

건국 전쟁

그 시절 살았으니
다시 본 확인이다

거짓을 지워버린
진실의 파노라마

관람 끝
기립 박수는
통절의 회한이다

*2024년 2월 1일에 개봉한 김덕영 감독의 101분 다큐멘터리 영화로 관객 수 120만 명에 이르고 있음.

한산도

제승당 깊은 밤은
달을 닮아 외롭다

충무공
홀로 앉아
나라 걱정 하시다

학익진鶴翼陣
펼친 그물로
왜병을 훑어낸다

*2023년 10월 6일 제42회 통영예술제에 참석하고, 이튿날 먼발치에서 한산도를 바라보면서 지었음.

석송石松

생존의
극한極限을
실험하는 곡예사

암벽을
뿌리 삼아
살아가는 불사조

평생을
거꾸로 서서
살아가는 별종이다

나무

하늘이 지구와 교신하는 메신저다
실시간 채팅하고 데이터를 교환한다
나무는 송신탑이자 때로는 수신탑이다

나무가 계절마다 모습이 다른 것은
하늘이 지구와 협상해서 그런 거다
인간이 순응해야 할 섭리란 이런 거다

동심초同心草

기녀의 애절한 사랑 보내지 못한 연서

만날 날 기약 없는 뜬구름 아니더냐

춘망사春望詞 구구절절이 눈물 맺힌 하소연

花開不同賞(화개불동상): 꽃 피어도 함께 즐길 사람 없고
花落不同悲(화락불동비): 꽃 져도 함께 슬퍼할 사람 없네.
欲問想思處(욕문상사처): 묻노니, 그대는 어디에 계신고
花開花落時(화개화락시): 때맞춰 꽃들만 피고 지누나.

攬草結同心(람초결동심): 풀을 따서 이 마음과 묶어
將以遺知音(장이유지음): 지음의 임에게 보내려 하나
春愁正斷絶(춘수정단절): 봄날 시름에 임 소식 속절없이 끊기고
春鳥復哀吟(춘조복애음): 봄새만 다시 찾아와 애달프게 우는구나.

風花日將老(풍화일장로): 꽃잎은 하염없이 바람에 지고
佳期猶渺渺(가기유묘묘): 만날 날은 아득 타 기약이 없네.
不結同心人(불결동심인): 무어라 맘과 맘은 맺지 못하고
空結同心草(공결동심초): 한갓되이 풀잎만 맺으려는가.

那堪花滿枝(나감화만지): 어찌 견디리 가지 가득 핀 저 꽃이여
煩作兩相思(번작양상사): 괴로워라 사모하는 이 마음 어이 할꼬
玉箸垂朝鏡(옥저수조경): 눈물이 주르륵 아침 거울에 흐르네.
春風知不知(춘풍지부지): 봄바람, 넌 이런 내 마음을 아느냐 모르느냐.

─〈춘망사春望詞〉, 설도薛濤(768~832)

매력남
-우크라이나전쟁을 보면서

국방색 러닝셔츠 덥수룩한 구레나룻
피땀에 절은 냄새 지구가 요동친다
나 오늘 젤렌스키의 애국심에 취했다

전쟁의 신화를 다시 쓰는 영웅이여
그대의 광채 나는 눈빛에 무릎 꿇고
나 지금 젤렌스키를 사랑하고 있어요

조약돌 팔매질에 미사일 눈이 머는
그대의 리더십은 피를 끓게 만듭니다
나 당신 젤렌스키를 미치도록 존경해요

*2022년 2월 24일 러시아 대통령 블라디미르 푸틴이 특별 군사작전 개시 명령을 선언한 이후 러시아가 우크라이나를 침공하면서 발발한 전쟁.

의료대란 醫療大亂

의사가 환자 곁을 떠나야만 하나요
세상에 생명보다 소중한 게 있나요
환자의 생명을 담보로 투쟁을 하다니

의사는 존경받는 최고의 엘리트요
생명을 구하는 성직이기 때문이죠
의사의 책무보다도 막중한 게 있나요

환자의 건강과 생명이 우선입니다
숭고한 성직자의 자리로 돌아와요
의사는 환자의 곁을 떠나서는 안 돼요

거울을 보며

평소에 보지 않던 거울을 왜 보았나
얼굴을 본체만체 종전대로 살면 되지
낯짝에 귀티라고는 눈곱만큼도 없으니

조선에 태어났으면 눈 감고 봐줄 텐데
카메라도 피해 가는 지지리도 못난 얼굴
얼굴이 그 지경이면 맘이라도 고와야지

정의를 핑계 삼아 내지르는 성깔머리
어느 뉘 받아주랴 못돼 먹은 그 버릇
내 짝도 외면을 하니 홀로 사는 홀아비

진짜와 가짜

어떤 게 진짜이고 어떤 게 가짜인지
진짜가 가짜이고 가짜가 진짜라니
세상은 요지경이다 갈피를 못 잡겠다

양심을 팔아먹고 거짓까지 파는 세상
진실이 오도되고 사기가 난무한다
진짜가 맥을 못 추니 어찌하면 좋은가

인간이 창조해 낸 최첨단 과학 기술
AI가 객관적 데이터까지 조작한다니
거짓이 식은 죽 먹듯 진실을 속인다

허위가 무차별로 지구촌을 농락한다
인간이 제정신을 찾지 못해 혼란하다
눈앞에 끔찍한 재앙 없었으면 좋겠다

*미국에서 가장 오래된 사전인 메리엄 웹스터가 올해(2023)의 단어로 'authentic(진짜·진정성)'을 꼽았다. 메리엄 웹스터는 "이 단어는 현시점에 그 어느 때보다 더 많이 생각하고, 쓰이고, 열망의 대상이 되고 있다"라고 선정 배경을 밝혔다.

인공지능(AI)

만물을 움직이는 무소불위 인공지능
저주냐 축복이냐 턱을 괴고 생각해도
로댕이 풀지 못하는 난제 중 난제다

퇴보냐 발전이냐 파멸이냐 번영이냐
지배를 할 것이냐 지배를 받을 거냐
절박한 기로에 섰다 해결책이 무언가

핏줄 없는 쇠붙이 고삐 풀린 권력이
정보를 날조하고 딥페이크 남발하면
돌아올 악성 부메랑 피할 수가 있는가

내 심장 붉은 박동 따스한 입김으로
티 없는 마음에다 시를 쓰고 싶은데
인정이 메마른 머리 얼음처럼 차갑다

*딥페이크(deepfake): 인공지능 심층학습을 뜻하는 deep learning과 가짜를 뜻하는 fake의 합성어로, 기존 인물의 얼굴이나 특정 부위를 영화의 CG처리처럼 합성한 영상편집물의 총체를 말한다. 디지털 기술과 인공지능의 발전이 낳은 결과물임.

미카엘의 여정

서당 집 칠 남매 중 끝물로 태어났다
사농공상 첫머리는 아버지의 은신처라
청빈을 가훈 삼으며 체면 씹고 살았다

멀건 보리죽에 일곱 식구 목을 매고
가난을 한숨으로 채워가던 어느 봄날
세상에 못난 집구석 탈출하고 말았다

번지 없는 하늘 아래 갈 곳이 어디냐
쭈그러든 뱃가죽이 등허리에 붙어도
배우면 살 수 있다는 믿음 하나 있었다

이 세상 태어났으니 묘비명 하나쯤은
남겨놓고 떠나리라 굳은 맹세 했건만
벅찬 꿈 물거품으로 찬바람에 날렸네

*미카엘은 필자의 세례명임.

제6부 갈 테면 가라지

갈 테면 가라지

갈 테면 가라지
까짓것 가라지 뭐

마음에도 없는 말
튕기듯 뱉어 놓고

먼발치
뒷모습 보며
가슴 치다 하는 말

그 사람

순간을
스쳐 가는
바람인 줄 알았지

봄 한때
풋내 나는
객기라 여겼는데

밤마다
불면증처럼
찾아오는 그 사람

그믐밤

별빛마저 창백한
섣달그믐 시린 밤

등 굽은 그믐달은
모로 누워 자는데

쪽방 집
그 할머니는
무엇하고 있을까

돌팔이의사

나이를 먹을수록
의사가 되나 보다

가끔은 전문의로
착각할 때도 있다

자신을
임상 실험한
대가[大家]들이 아닌가

수원화성

뒤주 속 사도세자
피를 토한 절규가

팔달산 뻐꾸기의
목울대를 울린다

그 아들
지극한 효심
화성으로 쌓이고

*수원 화성은 정조의 전략적 건축물이자 효심이 담긴 기념물이다. 1789년(정조 13) 정조가 아버지 장헌세자(사도세자)의 능을 수원의 화산으로 옮기면서 축조하기 시작했다. 1794년 2월부터 축조하여, 1796년 9월에 완공되었으며, 둘레는 5,544m이다. 거중기擧重器·활차滑車 등 근대적인 기기를 축성공사에 사용했다는 점이 특기할 만하다. 종래의 전통적인 축성 방법을 기본으로 하고 한국 성곽이 갖는 약점을 중국이나 일본의 축성술로 보완한 화성은 그때까지의 축성기법을 가장 잘 집약시켰다는 점에서 한국 성곽 발달에서 중요한 비중을 차지한다. 일본이 1935년에 '수원 성곽'으로 문화재 지정을 했으나, 1996년에 일제가 지정한 문화재에 대해 재평가작업을 하면서 '화성'으로 명칭을 환원했다.

치아 스케일링

후벼서 아프더니
쑤셔대니 시리다

행여나 금이 갈까
쪼개질까 두려운데

착암기
바위를 뚫듯
이빨 새를 파고드네

상사병

사랑은 불꽃이요
그리움은 불씨인가

낮에는 숨었다가
밤에만 살아나니

불면증
또 도지겠다
안타까운 내 사랑

위내시경

비수면 내시경은
눈 뜨고 우는 거다

무언가 꿈틀꿈틀
협곡을 파고들면

창자가
뒤틀리면서
구역질만 토해낸다

요양보호사

하루에 8시간씩
40일의 교육과정

칠십구 세 아내가
도전 끝에 따냈다

남편을
요양하겠다는
천사표 자격증

벌목伐木

나라가 동강 나도
악물고 버텼는데

하늘에 닿은 생명
목을 치면 어쩌나

민둥산
알몸뚱이가
부끄럽지 않은가

절제의 미학

더할 것
뺄 것 없다
3장이면 족하다

행간의 여백은
상상의 곳간이다

무엇을
더 보탤 거야
마침표도 사족이다

돈이란

삼라만상 모든 걸
사고파는 중매쟁이

선과 악 생과 사를
넘나드는 파렴치한

인간의 오욕칠정을
빚어 만든 요물단지

어쩌면 좋아

출산율은 꼴찌에다
자살률은 일등이다

명품의 소비량은
세계에서 으뜸인데

가계 빚
2천조 원을
넘겼으니 어쩌나

*통계청은 내년 2024년 출산율은 0.7명 선이 깨지며 0.68명을 기록하고, 2025년에는 더 내려와 0.65명으로 바닥을 찍은 뒤 2026년에는 0.68명으로(조선일보 2023년 12월 15일 A1면) OECD 38개국 중 최하위, 인구 10만 명당 자살률은 23.6명으로 최고이며, 지난해(2022년) "한국은 1인당 명품 소비가 325달러로 세계에서 가장 많이 한 것으로 조사됐다"라고 미국 CNBC 방송이 2023년 1월 12일(현지 시각) 보도했다. 또한 한국은 국내총생산(GDP) 대비 가계부채 비율이 104.3%로 OECD 국가 중 유일하게 높은 나라다.

3무無 집회

정치권도 없었다
노총도 없었다

민폐가 없는 집회
뒷정리도 깔끔했다

이십만
선생님 집회
우리 교육 푸른 신호

친구

호수가 잔잔하면
해와 달이 찾아오고

나무에 꽃이 피면
벌 나비가 날아든다

친구도
그런 거란다
너부터 돌아보라

그 남자

남자의 눈물은
핏물이라 했건만

꽃마다 벌 나비는
저리도 흥겨운데

혼자서
점안액 넣고
눈물 짜며 우는 남자

울돌목 관전기 觀戰記

해협은 폭이 좁고 해구는 절벽이다
급류가 사나우니 물소리는 아우성
물결이 용솟음치니 회오리가 휘젓더라

이겨놓고 싸우는 전략 전술 대가인데
천혜의 요새인 울돌목을 지나치랴
협곡의 급류를 이용 기적을 연출했네

구국의 일념으로 백의종군 대승했다
바람 앞 등불이 된 나라를 구했으니
충무공 위국헌신은 해와 달이 밝혀주리

트로트 열풍

코로나 감옥에서 풀려나온 한풀이냐
춤추고 노래하며 보고 듣는 축제냐
트로트 뜨거운 열풍 언 땅을 녹이네

기쁘거나 슬프거나 부르면 부를수록
들으면 들을수록 맛깔스런 우리 노래
시조의 핏줄이란다 목 터지게 불러라

진성에 가정 섞인 콧소리도 절묘한데
하르르 떠는 소리 첫눈 같은 순결이다
열아홉 순정도 모르는 십 대의 저 반란

*열아홉 순정은 이미자 나이 열아홉 되던 해인 1959년에 부른
 그녀의 데뷔곡이다.

강구안 야경夜景

동양의 나폴리라 통영은 아름답다
육지로 병풍을 친 강구안은 항구다
보도교 다리에서 본 야경은 꿈의 세계

선계냐 인간계냐 무릉도원 아니냐
북극의 오로라가 여기 올 리 있겠냐만
현란한 오색불빛이 파도와 춤을 추네

강구안 동백이*는 홍보에 정신 팔고
아베크 연인들은 사랑을 불태우네
불빛은 요정이 되어 나그네 발목 잡고

*통영시 관광 홍보를 위해서 만든 통영 갈매기 캐릭터. 하얀 머리에 빨간 동백꽃을 꽂은 게 특징이다.

백제금동대향로

지상에서 50년, 지하에서 1,450년
오래도 주무셨소 수면제를 드셨나요
긴 세월 천오백 년을 어떻게 견디셨소

용 모양 향로받침 연꽃 새긴 몸체며
산악도가 그려진 향로와 봉황 장식
보이는 구석구석이 눈부셔 못 보겠소

어쩌면 몸맵시가 저리도 빼어날까
국보 중 국보라니 손색없는 명불허전
미치게 아름다워라 백제의 꽃이로다

*백제금동대향로는 1993년 12월 12일 충남 부여군 부여읍 능산리에서 주차장 공사를 하던 중 발견된 백제시대의 향로로 국보 제287호다.

하와이 비보悲報

지상낙원 하와이가 지옥으로 변했다
산불이 강풍을 타고 미친 듯 번졌으니
초일류 강대국인들 어쩔 수가 있으랴

입은 옷 불붙은 채 바다로 뛰는 모습
얼마나 다급하면 이 방법을 택했을까
무슨 죄 저질렀기에 저다지도 가혹한가

너울대는 야자수 현란한 훌라춤도
청춘의 로맨스도 신혼의 푸른 꿈도
이제는 잿더미 속에 묻혀버린 추억인가

*하와이의 마우이섬과 하와이 아일랜드 마우나케아 리조트 지역에 지난 8월 9일 오전 11시 30분경(현지 시각) 산불이 발생해 주민과 방문객에 대피령이 내려졌다. 당국에 따르면 이번 산불로 건물 약 2,700채가 소실됐으며, 미국 연방재난청(FEMA)은 피해액을 56억 달러(약 7조4,732억 원)로 추산했다.

잼버리 유감

누워서 침 뱉기라 무슨 말을 보태랴
모처럼 찾은 한국 실망할까 두려웠다
그대들 보내는 마음 부끄럽고 미안해

국적만 다를 뿐 천금 같은 내 자식
물 고인 웅덩이에 텐트를 치게 하고
부실한 샤워 시설에 지저분한 화장실

폭염 속 환자들은 수시로 나오는데
병상도 의료진도 부족해서 속상했다
생수는 생명수인데 그마저 귀했다니

한 조각 휴지도 남김없이 치운 정신
걱정으로 시작해서 환호로 끝내 줬지
너희는 천사였단다 지구촌의 희망이다

*2023년 제25회 세계스카우트잼버리가 153개국 4만 3천여 명이 참석하여 8월 1일부터 12일까지 전북 부안군 새만금 제1지구에서 열릴 예정이었으나, 태풍 카눈 탓에 8일 만에 조기 철수하고, 나머지 일정은 전국 8개 시도에 분산되어 대체 프로그램으로 운영하였다. 마지막 11일에는 서울월드컵경기장에서 K-pop 공연으로 마감했다.

제7부 황혼 일기

황혼 일기

핏기 가신 순간이
노을 속에 잠긴다

영하로 식은 날을
바람으로 날리고

회색빛
그림자 같은
또 하루를 보낸다

혈압약

식사 후 30분마다
꼬박꼬박 삼켰다

혈압은 식충이다
무위도식 파렴치다

얼마나
견뎌야 하나,
이 쓰디쓴 반복을

상실喪失

내 몸이 나 같지
않은 날은 두렵다

부끄러운 남자의
고개 숙인 오줌발

어쩌다
꿈틀거리던
객기마저 시들고

황혼의 덫

불효가 쌓인 가슴
후회로 못을 친다

천륜을 허문 자리
회한으로 채우다가

백발이
쌓인 머리에
황혼빛이 서럽다

메멘토 모리(Memento mori)

옆에 있는 가족 이름 생각나지 않아도

하늘 간 친구 이름 보는 듯 떠오른다

아마도

만나야 할 날

그리 멀지 않았나

*메멘토 모리(Memento mori)는 "자신의 죽음을 기억하라" 또는 "너는 반드시 죽는다는 것을 기억하라", "네가 죽을 것을 기억하라"를 뜻하는 라틴어. 고대 로마에서는 원정에서 승리를 거두고 개선하는 장군이 시가행진을 할 때, 노예를 시켜 행렬 뒤에서 "메멘토 모리!"를 큰소리로 외치게 했다고 한다. '전쟁에서 승리했다고 너무 우쭐대지 말라. 오늘은 개선장군이지만, 너도 언젠가는 죽는다. 그러니 겸손하게 행동하라.' 이런 의미에서 생겨난 풍습이라고 한다.

내 재산

결혼한 지 오십 년
내 재산은 얼마냐

아들 둘 며느리 둘
손자 셋 손녀 하나

더 이상
바랄 게 있나
마누라도 있으니

호박죽

호박꽃도 꽃이더냐
눈길 한번 안 주더니

호박죽을 끓였더니
벌떼처럼 달려드네

늙어서
사랑받으니
너를 닮고 싶어라

내 이름

세 살 난 손녀는
거북이라 부르고

일곱 살 난 손자는
펭귄이라 부른다

요놈들
나중에 보자
늙어 보면 알 거다

그믐달

세월을 갉아먹다
등마루가 휘었다

심박동 뛰던 시절
홍안은 어디 갔나

빛바랜
그대의 얼굴
창백해서 시리다

꽃게젓

꽃게의
발가락을
아득아득 씹어댄다

엄니는
반평생을
잇몸으로 사셨는데

꽃게 발
씹히는 소리
가슴 아픈 메아리

석양의 무법자

시가를 문 입술과
우수에 찬 그 눈빛

덥수룩한 구레나룻
망토를 두른 사내

클린트
이스트우드는
내 젊음을 훔쳤다

사전연명의료의향서

연골이 다 닳도록 걷다 지친 내 여로

부모님 한평생을 뛰어넘고 말았다

추한 꼴 보이기 싫다 더 살아서 무엇해

종착역

울면서 세상 만나
웃음 찾아 헤맸다

사랑하다 웃었고
헤어지며 울었다

애증의 끝자락에서
지난날 나를 본다

부음訃音

연락을 할까 말까
문상을 갈까 말까

세상에
알려야 할
불편한 진실인데

인정이
얼어붙은 밤
문풍지 우는 소리

끝 사랑

육신은 시들어도 사랑은 불씨더냐
숨었다가 돋아나는 봄날의 새싹처럼
떠난 임 그림자 위에 겹치지는 외로움

사랑이 늙는다더냐 첫사랑만 못하랴
사랑을 하고 싶다 노을빛 고운 사랑
고독이 밀려오는데 황혼이면 어떠랴

폼페이 연인 같은 사랑이 아니라도
눈만을 마주쳐도 야국 향내 그윽한
사랑을 나누고 싶다, 노을빛 끝 사랑을

인생은 되가웃

시신이 전기화로 그 속으로 들어가면
망자의 이름 밑에 '소각 중'을 알리고
사십 분 지나고 나면 '소각 완료' 통보다

십 분이 지나가면 '냉각 중'을 알리고
십 분도 못 채우고 '냉각 완료' 통보다
일생을 마감하는데 오십구 분 오십구 초

허무만 남겨놓고 사라지는 연기인데
무엇을 얻으려고 아등바등 살아왔나
평생을 살아왔건만 뼛가루는 되가웃인데

누리호

입술이 타고 있다 가슴이 조여든다
엔진이 점화되고 지구를 박차더니
육중한 우주발사체가 하늘로 솟구친다

십오 분 사십육 초, 목표 고도 700km
성능검증 위성과 모사체가 진입했다
한국형 위성 발사체 누리호의 성공이다

하루빨리 우주여행 티켓을 사야겠다
어느 별 어느 호텔에 예약을 해야 하나
내 통장 확인해 보니 까마득한 미래다

*우리나라가 독자적으로 개발한 한국형 우주발사체 누리호가 전남 고흥 나로 우주센터에서 2022년 6월 21일 오후 3시 59분 59초 2차 발사에 성공했다.

목불인견 目不忍見

물가는 천정부지 서민 생활 바닥 치고
금리는 고공행진 집 마련은 아득한데
국회는 이전투구에 민생은 뒷전이다

허위는 난무하고 죄진 놈은 큰 소리
노조는 특권인가 허구한 날 무법천지
시민들 불편한 줄을 아는지 모르는지

북한은 핵실험에 미사일을 쏘아대고
최전방 초소마다 복구하기 분주한데
한미일 군사훈련은 사사건건 비난하나

나의 시조

노을빛 수채화를 그려보고 싶었다
황혼 녘 노을빛이 하도 고와 그랬지
동공에 안개가 끼어 그릴 수가 없었다

천년의 메아리를 들어보고 싶었다
내 민족 뛰는 맥박 느껴보고 싶었지
귀청에 녹이 슬어서 이명으로 들렸다

보이는 것 들리는 게 모두가 아닌 걸
마음으로 볼 수 있고 들을 수 있으니
신화 속 미네르바의 연가나 부르련다

*필자의 제1 시조집〈노을빛 수채화〉, 제2 시조집〈천년의 메아리〉, 제3 시조집〈미네르바의 연가〉을 말함.

에이지즘(ageism)

사과를 사려고 과일 가게 들어서자
할아버지, 박스 없어 다음에 오세요!
빈 박스 수집하러 온 늙은이로 본 거다

집으로 오는 길에 유모차를 만났다
아기가 아니라 강아지를 태운 거다
개 팔자 상팔자구나 발걸음이 무겁다

얼마 전 아내가 해준 말이 떠오른다
—요즘은 사람보다 개 값이 비싸대유
—행여나 밖에 나가서 내색허지 말어유!

*늙은 사람을 더럽고 둔하고 어리석게 느껴 혐오하는 현상이다. 노인은 무식하고, 고지식하고, 불친절하고, 이기적이고, 비생산적이고, 의존적이고, 보수적이라는 젊은 층의 노인에 대한 선입관을 말한다.

영웅英雄 관람기

당신이 약지를 자르시는 그 순간은
내 살이 에이는 듯 소름을 끼쳤다오
피로 쓴 '大韓獨立'은 시뻘건 절규였소

이토 히로부미가 쓰러질 때 통쾌했고
당신이 형장의 이슬로 가실 때는
가슴이 찢어지는 듯 아픔을 느꼈다오

조국과 바꾼 목숨 서른한 살 젊음이여
실없이 살고 있는 이 몸이 부끄럽소
당신의 숭고한 영혼에 옷깃을 여밉니다

마약 음료 시음회試飮會

세상을 살다 살다 희한한 꼴 다 보네
기억력 상승에다 집중력 강화한다며
우유에 필로폰 섞어 시음회를 했단다

죄질도 더러운데 부모 돈 뜯겠다고
시음한 어린 자녀 신고까지 하겠단다
악질도 악질 가운데 이런 악질 또 있나

마약에 빠져들면 출구 없는 미로다
인간의 탈을 쓰고 이럴 수가 있는가
앞길이 구만리 같은 청소년을 어쩌려고

중독에 폐인 되면 패가망신 나라 망신
피자 한 판 값이면 마약 살 수 있다니
어쩌면 좋단 말이냐 마약 천국 만들려나

*2023년 4월 3일 한 보이스피싱 조직은 강남 학원가 일대에서 집중력 향상 기능성 음료라며 학생들에게 마약 음료를 제공한 뒤 다음 날 학부모에게 전화해 자녀의 마약 투약 정황을 밝히겠다며 금품을 요구했다. 협박 전화를 한 조직원은 현금 1억 원을 요구하기도 했다. 마약과 보이스피싱이 결합된 형태로 국내에선 처음으로 확인된 범죄 수법이다.

■ 평설

문학 의식과 심미적 윤리의 길항拮抗 문제
— 구충회 시조 평설

김봉군
가톨릭대학교 명예교수 · 문학평론가

1. 여는 말

문학이 의식의 등가물이 아니라는 말은 문예 미학상의 상식이다. 그런데도 문학 작품이란 '생각하는 갈대'인 사람의 창조물이고, 사회·역사적 공백 사태에서 돌출하는 것이 아니다. 문제는 '말하기 방식(a way of saying)'이다.

현대 시조의 말하기 방식은 '들려주기(telling)'보다 '보여주기(showing)'를 선호한다. 시각·영상 매체의 융성과도 관계가 있다. 또한 현대 시조는 낭만적 '가슴(heart)의 시'라기보다 주지적主知的 모더니티를 품은 '머리(brain)의 시'임을 지향한다. 이는 현대 문예 미학의 '소통 지연장치'의 하나다. 이 소통 지연장치가 소거된 시조는 미학적 텐션(tension)이 풀려 비시非詩의 수준으로 추락하기 십상이다.

원숙의 경지에 든 구충회 시인의 시조가 직면한 문제도 이 미학적 텐션에 대한 창조적 갈등에로 수렴된다.

2. 구충회 시조의 특성

의식의 위상位相으로 나눌 때 문학 작품은 ① 개인의식의 형이상학적 지향, ② 사회의식의 형이상학적 지향, ③ 사회의식의 형이하학적 지향, ④ 개인의식의 형이하학적 지향의 네 갈래 중의 어느 하나에 속한다.

이 가운데 의식과 미학의 길항拮抗관계가 심각한 갈등상을 보이는 것이 ②와 ③이며, ③에서는 극단적 파탄 현상을 보이기도 한다. ④는 외설과 예술 간의 예각적 길항관계를 보이며, 사회적 파장을 증폭시키는 경우가 허다하다.

구충회 시인의 제3 시조집 『미네르바의 연가』는 개인의식, 가족과 고향 의식, 사회의식, 국가·역사의식의 네 갈래 지향성을 보인다. 사회·국가·역사의식은 한 범주에 드는 것이나, 분량 비를 고려하여 분리하였다. 가족과 고향의 경우도 개인과 사회의식의 양면성이 있으나, 같은 이유로 나누어 살피기로 하였다.

(1) 개인의식

구충회 시인의 창작 역량이 번득이는 곳은 개인의식이 서정 미학과 만나는 경이로운 접점이다.

> 저것 봐, 휘감고 사분대는 저 몸짓
> 치맛자락 살랑살랑 바람결에 남실대면
> 아이구, 남사스러워라 낯 뜨거워 못 보겠네
> ―〈실버들 1〉

우선, 제목〈실버들〉의 감성적 효과가 만만치 않다. '실'은 가늘거나 작거나 얇은 감성을 자극하는 접두사다. 실버들 가지가 낭창거리는 봄날의 강 언덕으로 나가보라. 버드나무의 원형 상징(archetypal symbol)은 또 어떤가. 실버들은 수양버들의 다른 이름이다.

이 시조의 맥락에 따른 원형 상징은 봄과 청춘, 재생, 섬세한 아름다움, 여성 등의 표상으로 읽힌다. 세류細柳, 유요柳腰(여성의 가는 허리), 유미柳眉(미인의 눈썹), 유용柳容(예쁜 모습), 유태柳態(교태), 유색柳色(봄), 화류花柳(노는 여인) 등이 그 예이고, 섬세한 여성의 심정, 임과 이별하는 여인의 마음을 상징한다. "묏버들 가려 꺾어 보내노라 임의 손대/ 자시는 창窓 밖에 심거 두고 보소서/ 밤비에 새잎 곳 나거든 날인가도 너기소서."라는 홍랑洪娘의 시조가 이를 대표한다. 우리 전통 미학에서 버드나무의 상징 표상이 범상치 않기에 평설이 느즈러졌다.

이 작품에서 '저것 봐'와 '아이구'의 탁월한 조사법措辭法을 보라. 경악 수사법으로 독자들의 나른한 시정詩情을 화들짝 깨우고, 종장 첫 음보에서 다시 경악 충격법으로 주위를 환기한 다음 시상詩想을 수습했다. 노련한 창작 기법이다.

실버들의 행태도 그렇다. 휘감을 뿐 아니라 사분대다니. 실버들 가지가 휘감고 살랑살랑 얄밉지 않게 집적대니, 그 유태柳態는 실히 관능적이다. 종장의 '보는 이'의 '낯 뜨거운 시점'에서 절정에 이르렀다. 천박성을 떨친 관능의 순수, '보여주기' 시조 미학의 승리다. 명작 시조가 아닌가. 저 순탄한 소통 지연의 기법을 보라.

> 사랑이 포로 되어 순결을 잃어버린
> 원부의 독침 끝에 응어리진 피눈물
> 애증의 세월을 건너 승화된 단심이다
> ―〈붉은 장미〉

은유된 단심丹心이 주제이다. 순결을 잃은 원부의 독침은 응어리의 극한인데, '애증'의 양가감정이 징검돌을 건넌 자리에서 비로소 승화된다. 우리 시가 전통의 원맥한류寃脈恨流인 〈가시리〉, 〈아리랑〉, 〈진달래꽃〉의 정서가 구충회 시인에 이르러 치열하게 극화劇化되었다.

> 불붙은 정념이 용암보다 뜨겁다
> 휘감는 욕망이 하늘로 솟구치면
> 나 그냥 숨을 멈추고 극락으로 갈 테다
> ―〈능소화〉

앞의 시조 〈붉은 장미〉에 못지않게 어조(tone)가 치열하다. 능소화의 속내가 이렇듯이 뜨겁고 감당하기 어려운 정념으로 끓고 있는 시학적 정황은 처음 본다. 구충회 미학의 장처長處가 여기 있다. 그 치열한 어조를 수습하는 종장의 여운을 보라. 이호우의 〈개화〉를 소환하지 않는가.

    짓밟고 으깨어도 살아나는 모진 목숨
    잘라도 깎아내도 죽지 않는 불사조다
    시퍼런 칼날 앞에도 목을 주는 순교자다
                                  ー〈잔디〉

잔디의 미학적 발견이다. 불사조와 순교자의 메타포(metaphor)가 치열한 어조를 품었다. 구충회 시조의 이런 심미적 윤리는 단지 서정 영역에 머무르지 않고 사회·역사의식에서 날을 벼린다.

    겹겹이 쌓아 올린 세월이 안타깝다
    세 치 혀 탐욕으로 목숨 잃은 불운이
    불판에 다시 죽어야 살아나는 진미다
                                 ー〈삼겹살〉

    배 째서 죽이더니 내장까지 훑어낸다
    혹한에 턱을 꿰어 하늘 보라 매달더니
    눈[雪]으로 눈[目]을 가리고 공덕이나 쌓으란다
                                   ー〈황태〉

    낮에는 햇볕 조각 밤에는 달빛 조각

맵고도 독한 한파 여린 얼굴 상할라
향내도 그윽하여라 고결한 기품이여!
─〈매화〉

〈삼겹살〉, 〈황태〉, 〈매화〉의 절정을 포착했다. 죽어야 살아나는 생존의 역설을 '보여(showing)' 준다. 공통의 시학적 특성은 역시 어조의 치열성이다.

기녀의 애절한 사랑 보내지 못한 연서
만날 날 기약 없는 뜬구름 아니더냐
춘망사春望詞 구구절절이 눈물 맺힌 하소연
─〈동심초同心草〉

안서岸曙 김억金億이 그 일부를 의역하여 우리 가곡으로 널리 불리게 한 〈동심초〉의 다른 버전이다. 모티브는 당나라의 유명한 여류시인 설도薛濤의 춘망사春望詞다. 우리 전통 시학에서 애호되었던 별리別離와 그리움의 정서가 맺혔다.

구충회 시인은 필경 속절없는 서정 시조의 주인이다. 그의 서정 시조 읽기를 예서 멈추어서는 안 된다.

삼복의 정수리를 햇살이 쪼아대면
새하얀 순결은 사리보다 투명하다
사바의 오욕칠정을 걸러낸 영혼이다
─〈소금〉

역시 어조가 치열하다. 작품의 지배소(dominant)인 소금의 비유적 이미지가 표상에 그치지 않고, 심미적 윤리 차원으로 변용되었다. 그리스도교적 '빛과 소금'의 비유가 선 불교적 해탈의 경지로 격상되었다. 두 종교의 혼합주의(syncretism)적 양상이다. 가톨릭 보편주의의 관점이 개입한 것으로 보인다. 구충회 시인은 가톨릭 신자다.

(2) 고향 가족 의식

산업화 이전에 농경 사회에서 성장한 세대에게 고향과 가족에 대한 애착은 남다르다. 충남 보령 출신 구충회 시인의 향수와 가족애도 이와 다르지 않을 것이다.

> 코흘리개 친구들은 어디로 사라졌나
> 까치발로 훔쳐보던 돌담 넘어 가시내
> 지금은 누구와 함께 인생길을 가는지
>
> 반갑게 맞아주던 누렁이는 어디 갔나
> 바퀴 빠진 달구지는 헛간에 나뒹굴고
> 우공 집 외양간에는 자가용이 낯설다
> —〈고향도 타향〉에서

연시조 〈고향도 타향〉의 네 수 중 둘째 수와 셋째 수다. 어조는 탄식의 자세다. 1932년 7월에 발표된 정지용의 시에 접맥되는 고향 상실감의 직설적 표백이다. 산업화와 함께 사라진 농경시대의 시적 상관물인 친구들, 가시내, 누렁이, 달구지, 헛간, 외양간 들을 대체한 자가용은 산업 문명의 대유

代喩다. 시인은 '사라져 가는 것들에 대한 향수鄕愁'를 떨치지 못한다. 20세기 모더니즘이 산업, 기계 문명에 대한 찬미와 비판의 양가감정에 젖었던 것과 대비된다.

> 미친 듯 요동치는 파도 소리 사나운 밤
> 울부짖는 파도 저편 아스라한 촛불 하나
> 아들아, 무사해다오 애가 타는 붉은 모정
> ―〈등대〉

이 작품의 지배소는 촛불이다. '울부짖는 파도'와 싸우며 뱃길을 톺아오는 아들을 향해 애잦은 모정의 표상을 등대에 빗댄 비유적 이미지가 전경화(foregrounding)되어 있다. 칠흑 같은 밤 광막한 우주에서 등댓불과 모정만 오롯이 빛나는 정황이다. 모정의 극화劇化다.

> 꽃게의 발가락을 아득아득 씹어댄다
> 엄니는 반평생을 잇몸으로 사셨는데
> 꽃게 발 씹히는 소리 가슴 아픈 메아리
> ―〈꽃게젓〉

꽃게젓을 매개로 하여 어머니에 대한 그리운 정을 지폈다.

"반중 조홍감이 고와도 보이나다" 조선조 노계蘆溪 박인로朴仁老가 지은 조홍시가早紅柿歌의 홍시가 꽃게로 치환置換된 동류의 시조다. 어조는 자탄自嘆이다.

(3) 사회 의식

　구충회 시인의 사회의식은 강렬하다. 정의감 때문이다. 그의 충천하는 정의감은 어디서 분출하는 것일까. 도무지 알 수 없는 비의祕義다.

　　엄마! 하와이야, 해피 산책시켰어
　　목욕도 시키고 오리고기도 먹였지
　　에어컨 이십육 도로 켜주는 거 알지

　　어머님! 해피에게 신경 좀 써주세요
　　요즈음 해피가 컨디션이 안 좋아요
　　갑자기 큰소리치면 경기해서 그래요

　　제 새끼 낳지 않고 개새끼만 챙기네
　　어미보다 개 걱정 먼저 하는 아들 내외
　　황혼녘 노인의 눈가에 어둠이 서린다
　　　　　　　　　　　　　　―〈어떤 전화〉

　일방적인 말하기 장면이다. 화자는 하와이에 여행 중인 아들 내외다. 집에 홀로 남아 개(해피)를 지키고 있는, 노모老母를 채근하는 일방적 말하기다. 반려견에 종속된 어머니의 전도된 신분이 독자들로 하여금 '부아'를 유발시키기에 충분한 말하기와 듣기 상황이다. 첫째 수는 아들이 개에 대한 어머니의 임무를 확인하는 내용이요, 둘째 수는 며느리가 개를 대하는 주의 사항을 시어머니에게 보내고 있다. 평상시 개를 대하는 시어머니의 태도가 마땅치 않았던 모양이다.

셋째 수에서는 개에게만 집착하면서 자식을 낳지 않는 아들 내외에 대한 노인의 야속한 마음이 그지없다.

가족의 지위 전도 현상이 여실하다. 추상적 서술을 피한 장면 제시, 보여주기 화법이 돋보이는 세태 시조이며, 어조는 풍자다.

> 아기가 쓰레기냐 폐물이냐 왜 버려
> 이틀밖에 안 된 아기 산 채로 왜 묻어
> 세상에, 너도 인간이냐 어미란 말이냐!
> ─〈세상에 이럴 수가〉

앞의 작품 〈어떤 전화〉의 모티브가 기노棄老라면, 이 작품의 경우는 기아棄兒가 모티브다. 노인과 영아가 버림받는 세대 비판 시조다. 어조가 격한 이런 작품의 말하기는 원색적인 들려주기 화법이기 십상이다. 이를 보여주기 화법으로 전환하기 위한 시인의 고심은 깊을 수밖에 없다.

> 교사를 노동자로 자초한 부메랑이
> 교권을 실추시키고 학폭을 부추겼다
> 제자의 스승 고발에 폭행까지 했으니
>
> 학부모 악성 민원 교사는 멍이 들고
> 교실은 무너지고 교육은 실종 됐다
> 눈뜨고 볼 수가 없네, 참담한 이 현실
> ─〈학폭學暴 유감〉

학교 폭력을 비판하는 6수의 연시조 중 제2, 제3수이다. 지난 10년간 이 나라 교단에서 선생님 열 분이 스스로 목숨을 끊었다. 이상한 세력이 학생인권 조례를 만들어, 교사를 적대시한 결과가 불러온 비극이다. 가족과 함께 사랑의 윤리적 관계에 있어야 할 교사와 학생 사이를 지배와 피지배의 법률적 권리와 의무 관계로 추락시킨 패륜의 조례였음을 드러낸 참사다.

교육감 입후보 경력까지 있는 구충회 시인다운 의분의 표출이다. 직설적 들려주기 화법은 어찌할 것인가? 고심할 과제다. 다른 작품 〈적반하장賊反荷杖〉도 직설적이다. "요즘은 죄지은 자가 큰소리치고 있다"고 목청을 높이는 원색적 말하기다.

> 눈부신 조명등은 거리마다 현란해도
> 쾌락에 짓눌린 지하방은 질식 한다
> 생존을 목에다 걸고 신음하는 지옥이다
> ―〈지하방〉

지하방의 참담한 생존현실을 폭로한 연시조 네 수 중의 마지막 수다. 어조는 비판적 연민이며, 직설적 화법이다. 구충회 시인의 애린愛隣정신이 표출된 작품이다.

> 빈 박스 하나에도 생색내는 얇은 인심
> 노인의 야윈 등이 활처럼 휜 채로
> 해종일 지친 하루가 리어카에 실린다

〈도심의 리어카〉

폐지를 모으는 노인은 화려한 도시의 취약 계층을 대표한다. 이 작품은 도심 속 취약 계층의 비참한 생존기다. 보여주기 화법이 미학적 형상화에 기여하는 장면이다.

> 먹이를 찾아내자 목청껏 우는 사슴
> 굶주린 동료에게 알려주는 메시지다
> 이렇게 아름다운 울음 세상에 어디 있나
> ―〈녹명鹿鳴〉

홀로 사는 삶이 있고, 더불어 사는 삶이 있다. 홀로 살며 스스로를 유폐하는 사람과 형이상학적 초월을 지향하는 도인道人이 있다. 더불어 사는 삶이 문제다. '관계'의 역학이 작용하는 까닭이다. 더불어 사는 형태에는 세 가지 유형이 있다. 동물적 투쟁 상태(epithumia)로 사는 원색적 이기주의자가 있고, 내가 이로운 만큼 남도 이롭게 하는 계발적 이기주의자가 있다. 가장 숭고한 존재가 자기희생적 이타주의자(altruist)이다. 〈녹명〉의 사슴은 최소한 원색적 이기주의자의 수준을 떨친 존재다.

사랑 많은 구충회시인은 '녹명' 현상을 빌려, 더불어 사는 삶의 아름다움을 소망의 메시지로 전한다. 사회(공동체) 의식의 형이상학적 지향성을 품은 시조다. 무정과 패륜의 엇나감에 비분을 머금던 시인의 사회적 자아는 〈녹명〉으로 어조를 추스르며 평정에 든다.

슈퍼문 큰 거울로 지구별 살펴보니
　　온난화 덮친 자리 화상 입어 쓰리다
　　독감에 코로나가 겹치니 달나라로 가야겠다
　　　　　　　　　　　　　　　　　－〈지구를 보다〉

　생태시조다. 환경·생태주의 문학이 1990년대에 반짝 고개를 들다가 잊힌 바가 된 터에, 구충회 시인이 그 불씨를 되살렸다. 일시에 갈까마귀인 양 지저귀던 사회적 이슈를, 이념꾼들은 다른 이슈로 대체하며 시치미를 뗀다. 환경주의자들도 마찬가지다. 원자 에너지와 신재생 에너지 논쟁이 첨예하게 충돌할 때도 문인들은 침묵을 지켰다. 구충회 시인의 생태주의적 발언이 중요한 이유다.

(4) 나라 · 역사의식
　구충회 시인의 나라 수호 의식은 특별하다. 그는 이 나라의 정체성인 자유민주주의에 대한 이념 지향성은 철저하다. 그는 국가 기관과 교육계며 사회단체에 탁월한 안보 강사로서 나라의 안전을 위해 헌신해왔다. 그의 시조에 기대가 크다.

　　제승당 깊은 밤은 달을 닮아 외롭다
　　충무공 홀로 앉아 나라 걱정 하시다
　　학익진鶴翼陣 펼친 그물로 왜병을 훑어낸다
　　　　　　　　　　　　　　　　　－〈한산도〉

> 구국의 일념으로 백의종군 대승했다
> 바람 앞 등불이 된 나라를 구했으니
> 충무공 위국헌신은 해와 달이 밝혀주리
> ―〈울돌목 관전기觀戰記〉

　임진왜란 때에 통영 한산도 대첩의 전적지와 해남·진도 해협 명량대첩의 현장 울돌목의 역사를 재현한 시조. 〈한산도〉는 보여주기, 〈울돌목 관전기觀戰記〉는 들려주기 화법으로 씌었다. 사회의식의 형이상학적 지향성을 띠었다.
　충무공의 사무치는 충심을 어떻게 빼어난 문예 미학으로 표상화할 수 있겠는가? 우리 시조시인 모두에게 주어진 과제다. 더욱이 이순신 장군같이 결곡하고 장중한 서사敍事를 품은 역사적 성웅聖雄을 우리더러 어찌하란 말인가.

> 까만색 묘비가 경건하게 세워 진다
> "국가에 헌신한 럭키 이곳에 잠들다"
> 새하얀 국화 송이가 묘비 앞에 쌓인다
> ―〈어떤 묘비墓碑〉

　개가 죽었다. 특수견의 죽음이다. 사인은 혈액 암. 2015년 4월생으로 대전경찰특공대에서 폭발물 탐지와 수색업무로 헌신하다 향년 8세에 안락사 당했다. 2023년 9월 경찰견 럭키에 대한 장례식이 유성구 한 동물병원에서 엄숙히 이루어졌다.

국방색 러닝셔츠 덥수룩한 구레나룻
피땀에 절은 냄새 지구가 요동친다
나 오늘 젤렌스키의 애국심에 취했다

전쟁의 신화를 다시 쓰는 영웅이여
그대의 광채 나는 눈빛에 무릎 꿇고
나 지금 젤렌스키를 사랑하고 있어요
—〈매력남〉

러시아 푸틴의 무모한 침략 전쟁에 초인적으로 맞서 분투하는 우크라이나 대통령 젤렌스키의 영웅적인 모습을 찬탄한 연시조다. 구충회 시인의 나라사랑 정신이 투사된 작품이다.

열사의 사막에서 일해본 적 있는가
이방인의 시신을 씻어본 적 있는가
이국 땅 포연 속에서 피 흘린 적 있는가

수천 미터 지하에서 석탄을 캐면서도
가난한 나라에서 태어난 게 죄이려니
시대를 잘못 만난 게 죄이려니 생각했다

생존을 목에 걸고 초근목피 씹으면서
멀건 보리죽에 피죽 맛이 설운 나날
허리끈 동여매면서 죽자 사자 일만 했다
—〈미래가 긴 사람아〉

연시조 다섯 수 중 첫째 수에서 셋째 수까지의 작품이다.

1961년 5.16 군사 정변이 나던 해에 우리나라는 국민 총소득 82달러로 아프리카 가나와 함께 세계 최빈국에 속했다. 초근목피로 연명하던 그때의 아버지와 형네들은 열사의 중동에서 모래바람을 맞으며 불철주야 일을 했고, 독일 수천 미터 깊이의 석탄 광산 막장에서 목숨을 걸고 일했다. 가난한 누이들은 독일 간호사로 가서 시신까지 닦아가며 피눈물을 흘렸다.

"후대들이여! GDP 3만 5천 달러, 세계 10위의 경제대국 대한민국, '한강의 기적'이 거저 주어진 로또인 줄 아는가. 혁신위원장 교수라는 인사의 망발을 어찌해야 좋은가. 살날이 많이 남지 않은 노인들의 투표권을 제한하자니." 구충회 시인은 이렇게 포효하고 싶은 거다. 개념 없는 인사들의 편 가르기를 이렇게 질타한다. 패륜의 세태여.

> 뒤주 속 사도세자 피를 토한 절규가
> 팔달산 뻐꾸기의 목울대를 울린다
> 그 아들 지극한 효심은 화성으로 쌓이고
> ─〈수원 화성〉

비운의 왕세자(장조)와 경희 왕후의 융릉과 수원 화성에 얽힌 그 아드님 정조의 효심을 노래했다. 사회·국가의식에 이르러 팽팽히 캥기던 시적 자아(화자)의 어조가 이제는 적이 눅어 있다. 서정시조의 본령으로 회기한 양상이다. 그럼에도 구충회 시인다운 치열성은 살아 있다. 개성미다. '쌓이고'의 "열린 끝맺음"에 여운이 실렸다.

3. 맺는 말

이 글은 문학이 의식의 등가물이 아니라는 문예미학의 상식을 말함으로써 시작되었다. 이는 구충회 시인의 시조가 직면할 의식 지향성과 언어미학적 에너지의 길항 관계를 경고하는 만만치 않은 담론에 갈음된다.

의식 지향적 에너지가 강렬한 작품에서 중요한 것은 '말하기 방식'이다. 현대시조는 '들려주기'보다 '보여주기' 화법(a way of saying)을 선호한다. 가슴(heart)만이 아닌 머리(brain), 곧 사유思惟와 만나는 주지적 창작과 수용受容을 중요시한다. 이는 현대시조의 소통 지연장치, 곧 텐션(tension) 문제와 깊이 관련된다.

구충회 시조에서 의식의 위상은 ① 개인의식, ② 가족과 고향의식, ③ 사회의식, ④ 나라와 역사의식의 네 갈래 지향성을 보인다. 가톨릭 신자인 구충회 시인의 모든 작품이 형이상학적 지향성을 보이는 것은 당연하다. 구 시인의 재기才氣가 번득이는 곳은 자연 서정과 개인의식이 조우하는 지점이다. 자연서정에 으늑히 품긴 아슴한 원형 상징, 나른한 감성의 곡절을 풀어 화들짝 깨워놓고야 마는 시어의 선택과 충격적 조사법措辭法 등이 개성미를 과시한다. 관능노출의 위기에서 이를 수습해내는 구 시인의 역량 또한 감동적이다.

그의 시적 자아의 어조(tone)는 일관되게 치열하며, 고향·가족, 사회·국가의식 쪽에서 치열성을 더한다. 다시 말하여, 구충회 시조의 치열한 어조가 품은 심미적 윤리는 서정미학의 아름다움에 머무르지 않는다. 사회·역사의식으로 확산된 곳에서 윤리의식은 날을 벼린다. 그리움의 전통정서 표출의 순간에 미학적 절정을 가늠하던 그의 시적 어조는 사회·국가·인류 의식에 이른 윤리표출의 순간에 시조의 위기에 직면한다. 언어미학과 윤리의 길항, 충돌양상이다. '들려주기' 화법이 '보여주기' 화법을 압도하는 언어미학적 위기다. '소통 지연장치'가 해체될 어름(borderline)의 '보여주기' 화법의 에피그램, 그를 향한 분투의 과제가 묵중하다는 뜻이다.

다만, 구충회 시인의 정의감과 충천하는 우국단충의 기개는 독자들을 분기시키기에 충분하다는 진실은 불변이다. 반려견과 노인의 지위 전도, 노인 소외, 이를 당위시하는 자손의 패륜, 교권의 추락 등 부조리한 사회윤리에 대한 질타 등 세태비판 시조가 독자들을 분기케 한다. 구충회 시조의 소망은 비탄의 바닥에 주저앉는 독자들을 방치하지 않는 데 있다. 시조 〈녹명鹿鳴〉이다. 헤매다 먹이를 발견하는 순간에 울음을 울어 무리를 불러 모으는 생존 관습이 녹명이다. 동물 우의寓意로써 공동선을 환기하는 대목이다.

충무공 이순신의 위국 혼, 우크라이나 젤레스키 대통령의 애국심은 물론, 임무수행을 완수하고 숨진 경찰 탐색견의 충성심까지 놓치지 않는 구충회 시인의 충심에 독자들은 감동하리라. 그의 이 시적 '관심의 언어'(N. 프라이)는 산업문명의 찌꺼기에 오염된 지구환경을 비판하는 생태주의 시조까지 미친다.

서정시조의 대가 구충회 시인이 사회·역사의식까지 언어미학의 순수 속에 녹여 담는 일은 그에게 남겨진 묵중默重한 과제다.

제3시조집 『미네르바의 연가』 상재를 기린다.

東湖 구충회(具忠會) 문학박사,
문학평론가, 시조시인, 수필가

건국대학교 국어국문학과 졸업
고려대학교 교육대학원 국어교육과 졸업(교육학 석사), 가천대학교 대학원 한국어문학과 졸업(문학박사)
서울대학교 교육행정연수원 교육행정지도자과정 수료, 경기도교육청 장학사·장학담당장학관·중등교육과장·교육국장·경기도외국어교육연수원장
분당중앙고등학교 교장, 죽산상업고등학교 교장, 강남대학교 교육대학원, 경희대학교 교육대학원 출강
고려대학교 교육대학원교우회 제11대 상임이사, 경기교육발전협의회 공동상임대표, 인성교육범국민실천연합 경기지회 고문, 한국교직원공제회 경기도지부장, 한국군사문제연구원 명강사과정 수료, (현) 국가안보경기회 부회장 겸 안보전문 교수, (현) 수도권(경기·서울·인천) 공교육살리기시민네트워크 경기도 상임대표, (현) 국가원로회의 원로위원

문단활동

시조 등단(2011), 수필 등단(2014), 시 등단(2016), 문학평론 등단(2024)
세계전통시인협회 한국본부 부이사장, 한국시조협회 자문위원, 백제문학 고문, 한국시조시인협회, 한국문인협회, 국제PEN 한국본부 회원, 윤봉길의사 추모 전국애국시낭송대회 심사위원장.
제1차 세계전통시인협회 한국대회(2013) 참가, 제2차 세계전통시인협회 중국대회(2016) 참가, 제3차 세계전통시인협회 영국대회(2019) 참가, 제4차 세계전통시인협회 네팔대회 참가(2024).

저서 및 논문

시조집: 『노을빛 수채화』(2017), 『천년의 메아리』(2022), 『미네르바의 연가』(2024)
동인지: 『여백의 미학』 제2집(2024)
저서: 『바른 언어생활』(1985).
논문: 「불굴가·단심가·하여가의 시적 의미와 주제 의식」(2017), 「시조의 정체성과 현대시조가 나아갈 길」(2019), 「안민영의 작품세계 연구」(2020). 「시조세계화의 선도자 시천 유성규 박사」(2024) 등.

수상

홍조근정훈장, 대통령 표창, 세계전통시인협회 한국본부 작품상(2014)·학술상(2020)·시천문학상(2022), 매헌문학상 대상(2017), 한국시조시인협회 신인상(2018), 한국시조협회 대은시조문학상 대상(2018), 한국시조문학협회 작품상(2023).

e-mail: kch-43@hanmail.net

미네르바의 연가

1판 1쇄 발행 2024년 6월 20일

지은이 | 구 충 회
펴낸곳 | 열린출판
등록 | 제 307-2019-14호
주소 | 경기도 고양시 덕양구 권율대로 656, 1401호
전화 | 02-6953-0442
팩스 | 02-6455-5795
전자우편 | open2019@daum.net
디자인 | SEED디자인
인쇄 | 삼양프로세스

ⓒ 구충회, 2024
ISBN 979-11-91201-71-0 03810

*책값은 뒤표지에 표시되어 있습니다.
*저자와 협의하여 인지를 생략합니다.